十三届全国人大二次会议《政府工作报告》学习辅导

着力激发市场主体活力
保持经济持续健康发展

黄守宏　著

中国言实出版社

图书在版编目（CIP）数据

着力激发市场主体活力　保持经济持续健康发展 / 黄守宏著.
-- 北京：中国言实出版社，2019.3
ISBN 978-7-5171-2789-5

Ⅰ.①着… Ⅱ.①黄… Ⅲ.①中国经济—经济发展—研究 Ⅳ.
①F124

中国版本图书馆 CIP 数据核字（2019）第 055204 号

出 版 人：王昕朋
总 监 制：朱艳华
责任编辑：肖　彭

出版发行　**中国言实出版社**
　　　　　地　址：北京市朝阳区北苑路 180 号加利大厦 5 号楼 105 室
　　　　　邮　编：100101
　　　　　编辑部：北京市海淀区北太平庄路甲 1 号
　　　　　邮　编：100088
　　　　　电　话：64924853（总编室）　64924716（发行部）
　　　　　网　址：www.zgyscbs.cn
　　　　　E-mail：zgyscbs@263.net
经　销　新华书店
印　刷　北京温林源印刷有限公司
版　次　2019 年 3 月第 1 版　2019 年 3 月第 1 次印刷
规　格　850 毫米 ×1168 毫米　1/32　2.25 印张
字　数　25 千字
定　价　6.00 元　ISBN 978-7-5171-2789-5

着力激发市场主体活力 保持经济持续健康发展

刚刚闭幕的十三届全国人大二次会议，审议通过了李克强总理所作的《政府工作报告》（以下简称《报告》）。《报告》坚持以习近平新时代中国特色社会主义思想为指导，全面贯彻党的十九大和十九届二中、三中全会以及中央经济工作会议精神，全面总结了过去一年政府工作，深入阐述了推动经济社会发展的总体要求、政策取向，对2019年工作作出了部署。《报告》充分体现了以习近平同志为核心的党中央的重大决策部署，贯穿了习近平新时代中国特色社会主义思想，是做好今年政府工作的纲领性文件，我们必须准确把握、深入领会，认真抓好贯彻落实。这里，浅谈一些个人的理解和体会。

一、来之不易的巨大成就

过去一年是全面贯彻党的十九大精神开局之年，是本届政府依法履职第一年。我国发展面临的国内外形势之复杂严峻，政策抉择和工作推进的难度之大，是多年少有的。从国际看，经济全球化遭遇波折，多边主义受到冲击，国际金融市场震荡，特别是中美经贸摩擦的不利影响显现。从国内看，经济转型阵痛凸显，新老矛盾交织，经济运行稳中有变、变中有忧，出现新的下行压力。同时，要实现稳增长、防风险等多重目标，完成经济社会发展等多项任务，处理好当前与长远等多种关系，面临的两难多难问题明显增加。在以习近平同志为核心的党中央坚强领导下，全国各族人民以习近平新时代中国特色社会主义思想为指导，砥砺奋进，攻坚克难，完成全年经济社会发展主要目标任务，决胜全面建成小康社会又取得新的重大进展。

《报告》从六个方面，对去年的标志性成就作了简要概括。

一是经济运行保持在合理区间。国内生产总值

（GDP）增长 6.6%，总量突破 90 万亿元、迈上了一个新台阶，对世界经济增长贡献率接近 30%。去年 1 个百分点的经济增量，相当于 2013 年的 1.4 倍、2008 年的 2.2 倍。全社会用电量增长 8.5%、货运量增长 7.1%，实物量指标增长与 GDP 增速相匹配。按照年平均汇率计算，我国经济总量相当于 13.6 万亿美元，人均接近 9800 美元；增量约为 1.4 万亿美元，相当于 2017 年世界排名第 13 位的国家经济总量。居民消费价格上涨 2.1%，处在国际上公认的物价涨幅 2% 左右的理想水平。国际收支基本平衡。城镇新增就业 1361 万人，年末全国城镇调查失业率 4.9%，实现了比较充分就业。经济运行稳定性和韧性明显增强。

二是经济结构不断优化。消费拉动经济增长作用进一步增强，最终消费支出对国内生产总值增长的贡献率为 76.2%。第三产业增加值占国内生产总值的比重为 52.2%，对经济增长贡献率 59.7%；工业加快改造升级，高技术产业、装备制造业增速明显快于一般工业；农业再获丰收，农产品结构优化、品质提升。经济发展质量和效益显著提升。规模以上工业企业利润增长 10.3%，其中国有控股企业利润增长 12.6%，股份制企业增长 14.4%，私营企业增长 11.9%。全员劳动生产率提高 6.6%。单位国内生产总值能耗下降 3.1%。

三是发展新动能快速成长。一批重大科技创新成果相继问世。新产业新业态新模式蓬勃发展，传统产业加快转型升级。大众创业万众创新深入推进，日均新设企业超过 1.8 万户，市场主体总量超过 1 亿户，其中企业 3400 万户。2017 年"中国创新指数"增长 6.8%，"经济发展新动能指数"增长 34.1%。目前新动能对经济增长的贡献率超过三分之一、对城镇新增就业的贡献率超过三分之二。新动能正在深刻改变生产生活方式、塑造中国发展新优势。

四是改革开放取得新突破。国务院机构改革任务基本完成，地方政府机构改革顺利实施。重点领域改革迈出新的步伐，市场准入负面清单制度全面实行，"放管服"改革力度加大，营商环境国际排名大幅上升。世界银行发布的全球营商环境报告，去年在 190 个经济体中我国排名由 78 位上升到 46 位。对外开放全方位扩大，共建"一带一路"取得重要进展。货物进出口总额超过 30 万亿元，增长 9.7%，增量相当于 2017 年全球贸易排名第 20 位国家的总量，同时贸易结构优化，我国第一货物贸易大国地位更加巩固；服务进出口增长 11.5%，服务出口增长 14.6%。在全球跨境投资大幅下降背景下，我国实际使用外资（含银行、证券、保险领域）折合约 1383 亿美元，增长 3% 左右，再创历史新高。

五是三大攻坚战开局良好。防范化解重大风险，金融运行总体平稳，宏观杠杆率趋于稳定。精准脱贫有力推进，农村贫困人口减少 1386 万，易地扶贫搬迁 280 万人，贫困地区农民收入增速超过全国农民收入增速。污染防治得到加强，主要污染物排放量大幅减少，细颗粒物（PM$_{2.5}$）未达标的 262 个城市年平均浓度下降 10.4%。全年完成造林面积 707 万公顷，新增水土流失治理面积 5.4 万平方公里，生态文明建设成效显著。

六是人民生活持续改善。居民人均可支配收入实际增长 6.5%。提高个人所得税起征点，设立 6 项专项附加扣除。加大基本养老、基本医疗等基本民生保障力度，资助各类学校家庭困难学生近 1 亿人次。棚户区住房改造 620 多万套、农村危房改造 190 万户，惠及 2000 多万人。全国居民恩格尔系数为 28.4%，比上年下降 0.9 个百分点。

看似寻常最奇崛，成如容易却艰辛。过去一年的成绩确实来之不易。《报告》指出，一年来，我们深入贯彻以习近平同志为核心的党中央决策部署，坚持稳中求进工作总基调，统筹稳增长、促改革、调结构、惠民生、防风险，稳妥应对中美经贸摩擦，着力稳就业、稳金融、稳外贸、稳外资、稳投资、稳预期。《报告》从八个方面，回顾总结了过去一年政府所做的主要工作。

（一）创新和完善宏观调控，经济保持平稳运行。去年一季度经济运行延续了前年下半年以来的较好势头，但二季度特别是下半年，情况发生很大变化。来自外部的风险挑战骤然增多，特别是中美经贸摩擦给一些企业生产经营、进出口、金融运行特别是市场预期带来诸多不利影响。国内周期性、结构性、体制性问题叠加，加之一些大方向正确的措施在执行中存在着方法简单、节奏力度把握不当等问题，导致社会信用收缩，民营和小微企业融资难融资贵问题突出，投资增速低迷。面对困难和挑战"几碰头"，党中央、国务院统筹处理国内与国际、总量与结构、当前与长远的关系，坚持不搞"大水漫灌"式强刺激，保持宏观政策连续性稳定性，主动预调微调。针对经济运行中的突出矛盾和中美经贸摩擦带来的不利影响，加强区间调控、定向调控、相机调控，强化政策协同，稳定市场预期、增强发展信心。坚持实施积极的财政政策，加大减税降费、补短板、调结构力度。加快实施下调增值税税率、扩大享受税收优惠小微企业范围等既定政策，根据形势变化及时出台鼓励研发投入、支持小微企业贷款等新的税收优惠政策。全年为企业和个人减税降费约1.3万亿元。优化财政支出结构，盘活财政存量资金，重点领域支出得到保障。坚持实施稳健的货币政策，注重预期管理，引导金融支持实体经济。针对融资难融资贵问题，从年初开始就积极采取措施推动解决，先后4次降准、定向释放流动性，加大再贷款、再贴现支持力度，设立国家融资担保基金，创设民营企业债券融资支持工具，完善金融机构考核机制，努力缓解企业资金紧张状况。及时应对股市、债市异常波动，保持人民币汇率基本稳定，外汇储备保持在3万亿美元以上。在宏观调控过程中，遇到不少两难甚至多难问题，犹如走平衡木，稍有不慎就可能顾此失彼、进退失据。经过艰辛努力，终于在"山重水复"中走向"柳暗花明"，确实难能可贵。

（二）扎实打好三大攻坚战，重点任务取得积极进展。制定了三大攻坚战行动方案，明确目标任务和职责分工，要求各方面把握好节奏和力度，依法依规有序实施。稳步推进结构性去杠杆，国有企业资产负债率继续回落；有序处置网络借贷、影子银行、高风险机构等风险，整治非法金融活动，防范外部风险冲击；规范地方政府举债行为，防范化解地方政府债务风险；完善市场调控措施，房地产市场总体平稳。深入推进精准脱贫，加强扶贫力量，加大资金投入，强化社会帮扶，贫困地区自我发展能力稳步提高。全面开展蓝天、碧水、净土保卫战。优化能源和运输结构，煤炭消费量占能源消费总量的 59%、下降 1.4 个百分点，清洁能源消费量占能源消费总量的 22.1%、上升 1.3 个百分点。加强生态环保督察执法。积极应对气候变化。

（三）深化供给侧结构性改革，实体经济活力不断释放。加大"破、立、降"力度。推进钢铁、煤炭行业市场化去产能。针对投资特别是基础设施投资增速下降过快问题，出台稳投资的政策举措。企业技改、生态保护和环境治理、农业等领域投资较快增长；制造业投资增长 9.5%，比上年加快 4.7 个百分点，回升到近年来较高水平；民间投资增长 8.7%，比上年加快 2.7 个百分点。出台促进居民消费政策。全面推进"互联网+"，运用新技术新模式改造传统产业。深入推进简政减税减费。"证照分离"改革在全国推开，企业开办、商标专利审查时间大幅压缩，取消一批行政许可和证明事项，压减工业产品生产许可证种类三分之一以上。"双随机、一公开"监管全面实施，市场监管效能和公正性提升。深化"互联网＋政务服务"，各地探索推广一批有特色的改革举措。清理规范各类涉企收费，削减一批行政事业性收费项目，下调部分政府性基金征收标准，网络提速降费力度加大，一般工商业电价平均降低10%以上。经过努力，营商环境持续优化，企业和群众办事便利度不断提高。

（四）深入实施创新驱动发展战略，创新能力和效率进一步提升。大力优化创新生态，调动各类创新主体积极性。全国研究与试验发展（R&D）经费支出增长11.6%，与国内生产总值之比为2.18%，比上年有所提高。深化科技管理体制改革，推进关键核心技术攻关，加强重大科技基础设施、科技创新中心等建设。强化企业技术创新主体地位，加大对企业创新的普惠性支持，将研发费用加计扣除比例提高到75%的政策扩大至所有企业。制定支持双创深入发展的政策措施，强化创新平台功能。技术合同成交额增长30%以上，国内有效发明专利拥有量大幅增加，国际专利申请受理量位居世界前列，科技进步贡献率达到58.5%。据世界知识产权组织等机构发布的2018年"全球创新指数"排名，我国综合排名比2017年前进5位、升至全球第17位，首次跻身前20强，是前20强中唯一的中等收入国家。

（五）加大改革开放力度，发展动力继续增强。深化国资国企改革，国有企业优化重组、提质增效取得新进展。针对民营企业发展遇到的困难和问题，千方百计帮助解忧纾困。加强产权保护，一批社会关注的产权纠纷案件得到甄别纠正。推进财税体制改革，预算绩效管理改革全面启动，稳步推进分领域中央与地方财政事权和支出责任划分改革。改革金融监管体制，完善利率、汇率市场化形成机制。农业农村、社会事业、生态环保等领域改革不断深化。推出对外开放一系列重大举措。共建"一带一路"引领效应持续释放，同沿线国家的合作机制不断健全，贸易增速高于全国增速3.6个百分点。出台稳外贸政策，分两批对4000多项产品提高出口退税率并简化结构，货物通关时间压缩一半以上。下调部分商品进口关税，关税总水平由9.8%降至7.5%。新设一批跨境电商综合试验区，跨境电商贸易增长超过50%。首届中国国际进口博览会成功举办，海南自贸试验区启动建设。对上海等自贸试验区改革经验进行复制推广。外资准入负面清单限制措施缩减近四分之一，在金融、交通、汽车、船舶制造等22个领域放宽外资准入限制。新设外资企业超过6万户，增长近70%。利用外资结构持续优化，高技术制造业利用外资增长35.1%，合同外资5000万美元以上的项目增长23%，一批重大外资项目落地。对外投资健康发展，全年非金融类直接投资1205亿美元，与上年基本持平。

（六）统筹城乡区域发展，良性互动格局加快形成。乡村振兴战略有力实施，粮食总产量保持在1.3万亿斤以上，农村人居环境整治三年行动全面启动。新型城镇化扎实推进，近1400万农业转移人口在城镇落户，年末常住人口城镇化率为59.58%、比上年末提高1.06个百分点，户籍人口城镇化率为43.37%、提高1.02个百分点。深入实施区域协调发展战略，继续推进西部开发、东北振兴、中部崛起、东部率先发展，大力推动京津冀协同发展和长江经济带生态优先、绿色发展，研究制定粤港澳大湾区发展规划纲要。加大对革命老区、民族地区、边疆地区、贫困地区改革发展支持力度，中央财政转移支付增长15.7%。新增高速铁路运营里程 4100 公里，新建改建高速公路 6000 多公里、农村公路 30 多万公里。城乡区域发展的协同性、联动性、整体性进一步增强。

（七）坚持在发展中保障和改善民生，改革发展成果更多更公平惠及人民群众。针对外部环境变化给就业带来的影响，及时出台稳就业举措，城镇新增就业完成全年目标的 123.7%，重点群体就业得到较好保障。财政性教育经费占国内生产总值比例继续超过 4%，中央财政教育转移支付的 84.4% 投向中西部地区，并向贫困地区倾斜，乡村小规模学校和乡镇寄宿制学校建设得到加强。为均衡地区间企业职工基本养老保险基金负担、实现基本养老保险制度可持续发展，建立企业职工基本养老保险基金中央调剂制度，将收支状况较好省份的基金结余按一定比例调剂至缺口省份。机关事业单位和企业退休人员基本养老金标准提高约 5%。城乡居民基础养老金最低标准从每月 70 元提高到 88 元。继续提高优抚、低保等标准，残疾人"两项补贴"惠及所有符合条件人员，有 940 万困难残疾人享受生活补贴，1164 万重度残疾人享受护理补贴。加强退役军人服务管理工作，维护退役军人合法权益。深化医疗、医保、医药联动改革。稳步推进分级诊疗。

城乡居民医保财政补助标准提高到每人每年490元，增加的40元中一半用于加强大病保险保障能力。完善国家基本药物制度，加快新药审评审批改革，17种抗癌药大幅降价并纳入国家医保目录。加快推进文化惠民工程，中央财政支持5万余所公共文化设施免费开放。全民健身蓬勃开展。我国运动员在24个运动大项中获得118个世界冠军，共创15项世界纪录。

（八）推进法治政府建设和治理创新，保持社会和谐稳定。适应改革发展需要，推动法律法规立改废释。提请全国人大常委会审议法律议案18件，制定修订行政法规37部。推进政府职能转变，按照优化协同高效原则，调整政府机构设置和职能配置。深入开展国务院大督查，加大奖惩力度，推动改革发展政策和部署落实。发挥审计监督作用。改革完善城乡基层治理。创新信访工作方式。改革和加强应急管理，及时有效应对重大自然灾害，生产安全事故总量和重特大事故数量继续下降。加强食品药品安全监管，严厉查处长春长生公司等问题疫苗案件。强化社会治安综合治理，依法打击各类违法犯罪，平安中国建设取得新进展。

《报告》还简要回顾了党风廉政建设和反腐败

斗争、外交工作等方面的成就。

《报告》指出，过去一年取得的成绩，是以习近平同志为核心的党中央坚强领导的结果，是习近平新时代中国特色社会主义思想科学指引的结果，是全党全军全国各族人民团结奋斗的结果。

在充分肯定成绩的同时，《报告》也坦诚地指出了我国发展面临的问题和挑战。从国际形势看，世界经济增速放缓，保护主义、单边主义加剧，不稳定不确定因素明显增加。从国内看，需求增长放缓，经济下行压力仍在加大。消费增速减慢，社会消费品零售总额增长 9%、增速回落 1.2 个百分点，为 2003 年以来最低。有效投资增长乏力，全社会固定资产投资增长 5.9%，扣除价格因素实际增速更低。实体经济困难较多，民营和小微企业融资难融资贵问题尚未有效缓解，营商环境与市场主体期待还有较大差距。自主创新能力不强，关键核心技术短板问题凸显，严重依赖进口的高端芯片、基础软件、关键零部件、重大装备、重要原材料等面临着增多的风险。去年集成电路进口超过 2 万亿元，为进口额最高的商品。一些市县财政保工资、保运转、保基本民生支出压力较大。金融等领域仍有风险隐患。民生方面还有不少短板，城乡居民持续增收制约因素增多，教育、医疗、养老等公共服务供给不足，就业结构性矛盾突出。政府工作存在不足，一些改革发展举措落实不到位，形式主义、官僚主义仍然突出，少数干部懒政怠政。一些领域腐败问题仍然多发。《报告》强调，我们一定要直面问题和挑战，勇于担当，恪尽职守，竭尽全力做好工作，决不辜负人民期待！

二、稳中求进、符合实际的 发展目标和政策取向

今年是新中国成立 70 周年，是全面建成小康社会、实现第一个百年奋斗目标的关键之年。做好政府工作，要在以习近平同志为核心的党中央坚强领导下，以习近平新时代中国特色社会主义思想为指导，全面贯彻党的十九大和十九届二中、三中全会精神，统筹推进"五位一体"总体布局，协调推进"四个全面"战略布局，坚持稳中求进工作总基调，坚持新发展理念，坚持推动高质量发展，坚持以供给侧结构性改革为主线，坚持深化市场化改革、扩大高水平开放，加快建设现代化经济体系，继续打好三大攻坚战，着力激发微观主体活力，创新和

完善宏观调控，统筹推进稳增长、促改革、调结构、惠民生、防风险、保稳定工作，保持经济运行在合理区间，进一步稳就业、稳金融、稳外贸、稳外资、稳投资、稳预期，提振市场信心，增强人民群众获得感、幸福感、安全感，保持经济持续健康发展和社会大局稳定，为全面建成小康社会收官打下决定性基础，以优异成绩庆祝中华人民共和国成立70周年。

《报告》指出，综合分析国内外形势，今年我国发展面临的环境更复杂更严峻，可以预料和难以预料的风险挑战更多更大，要做好打硬仗的充分准备。同时也提纲挈领地阐明了发展的有利条件和积极因素。这说明，我们的政府是坦诚的、负责任的。充分阐述有利条件，固然可以鼓舞士气、提振信心，但如实向人民群众交底，实事求是地讲清楚面临的困难和挑战，更有利于增强忧患意识、凝聚起共克时艰的强大力量。群之所为事无不成，众之所举业无不胜。回顾历史，我们国家不管遇到多大的困难和挑战，只要依靠全国上下同心协力、顽强奋斗，都走了过来。就拿1997年亚洲金融危机、2008年国际金融危机来说，我们有效应对外部冲击，不仅率先企稳向好，而且为整个亚洲和世界经济复苏提供了有力支撑，还实现了"弯道超车"，在世界的位次不断前移。何况今天我们有多年形成的雄厚物质基础，我国发展仍处于重要战略机遇期，拥有足够的韧性、巨大的潜力和不断迸发的创新活力，人民群众追求美好生活的愿望十分强烈，特别是我们有以习近平同志为核心的党中央的坚强领导，有习近平新时代中国特色社会主义思想的科学指导，什么样的困难不能克服、什么样的风险挑战不能战胜？所以《报告》指出，我们有战胜各种困难挑战的坚定意志和能力，经济长期向好趋势没有也不会改变。只要我们万众一心，共克时艰，就一定能够实现全年经济社会发展目标。

按照总体要求，根据需要和可能，《报告》提出了今年经济社会发展的主要预期目标：国内生产总值增长6%—6.5%；城镇新增就业1100万人以上，城镇调查失业率5.5%左右，城镇登记失业率4.5%以内；居民消费价格涨幅3%左右；国际收支基本平衡，进出口稳中提质；宏观杠杆率基本稳定，金融财政风险有效防控；农村贫困人口减少1000万以上，居民收入增长与经济增长基本同步；生态环境进一步改善，单位国内生产总值能耗下降3%左右，主要污染物排放量继续下降。

今年的主要预期目标与去年相比，总体上保持了稳定，同时根据形势变化和推动高质量发展要求，有的作了适当调整。经济增速作为基础性、综合性指标，具有很强的导向作用。2017年和2018年，国内生产总值增长预期目标都是6.5%左右。《报告》提出今年国内生产总值增长预期目标为6%—6.5%，这是经过反复研究确定的。今年形势更为严峻复杂、经济下行压力更大，宜实事求是适当调低增长预期目标。同时，今年不稳定不确定因素增多，有的重大变化和风险挑战目前还难以预料，经济增速在月度、季度之间难免出现一定幅度波动，预期目标应增加弹性。综合考虑多种因素，今年适当降低了增长预期目标并采用了区间方式，以避免各方面关系绷得太紧。2016年我们就采用过区间方式，当年的增长预期目标为6.5%—7%，实践证明效果是好的。6%—6.5%的增速，符合全面建成小康社会要求。按照2020年国内生产总值比2010年翻番的目标测算，今明两年约需6.2%的年均增速。稳增长首要是为保就业。6%—6.5%的增速，能够确保实现新增就业目标。从目前经济增长对就业的吸纳能力看，国内生产总值每增长一个百分点，可带动190万到200万人就业，按照6%—6.5%的增长预期目标测算，可以实现城镇新增就业 1100 万人目标和近几年实际达到的 1300 万人规模。同时，这一预期目标，与当前我国经济增长潜力和国内外预期比较吻合，在世界主要经济体中也是高的。总起来看，确定 6%—6.5% 的增长预期目标，符合我国发展实际，是积极稳妥的，经过努力也是可以实现的。需要指出的是，6%—6.5% 的增长预期目标是就全年而言的，对月度、季度之间出现一定幅度波动要有平常心。只要全年经济运行总体上保持在合理区间，就要保持定力，引导各方面聚焦推动高质量发展。

为实现今年发展主要预期目标，《报告》强调，要正确把握宏观政策取向，继续实施积极的财政政策和稳健的货币政策，实施就业优先政策，加强政策协调配合，确保经济运行在合理区间，促进经济社会持续健康发展。

《报告》指出，积极的财政政策要加力提效。今年减税降费力度要加大，财政收入增速将放缓，同时还要继续增加支出规模，财政收支平衡压力增大，有必要适度提高赤字率。今年赤字率拟按 2.8% 安排，比去年预算高 0.2 个百分点；财政赤字 2.76 万亿元，其中中央财政赤字 1.83 万亿元，地方财政赤字9300亿元；大幅增加地方政府专项债券发行规模。与2018年赤字率较2017年下降0.4个百分点、赤字规模持平相比，今年这样的安排，明显加大了财政支持力度，有利于引导企业预期和增强市场信心，也为应对今后可能出现的风险留出政策空间。从国际比较看，我国财政赤字率、政府负债率等指标并不高。截至2018年末，我国政府债务余额为33.35万亿元，负债率（债务余额/国内生产总值）为37%左右，比前两年有所下降，低于欧盟60%的警戒线，也低于主要发达经济体和新兴市场国家水平。其中中央政府负债率略高于16%，地方政府不到21%。社会上对地方政府债务问题比较关心，2018年末地方政府债务余额为18.39万亿元、债务率（债务余额/综合财力）为76.6%，低于国际通行的100%—120%的警戒线。应对经济形势可能出现的超出预期的重大变化，我们在提高赤字率、扩大债务规模方面是有空间的。今年一般公共预算支出增长6.5%，规模超过23万亿元，是2009年的3倍，重点支出是能够得到较好保障的。中央对地方均衡性转移支付增长10.9%，缓解困难地区财政运转压力，促进缩小地区间基本公共服务差距，增强困难地区和基层政府保工资、保运转、保基本民生的能力。

《报告》指出，稳健的货币政策要松紧适度。稳健的货币政策是自上世纪九十年代后期以来逐渐形成的、具有中国特色的货币政策表述，它讲的是制定货币政策的指导思想、方针和基本取向，就是以币值稳定为目标，正确处理防范金融风险与支持经济增长的关系，保持货币供应量合理增长，促进经济持续健康发展。所以"稳健"二字着眼的是使整个经济体系稳健，而不是单纯为了金融体系自身稳健。这些年来，稳健的货币政策基本取向没有改变，但会基于每年国内外和经济运行状况的变化，确定货币政策操作的具体目标和运用的政策工具。近几年，伴随货币投放机制变化，货币供应量增长率持续下降，特别是最近两年下降幅度较大。广义货币 M_2 增速由 2016 年末的 11.3% 降至 2017 年的 8.1%，2018 年末保持这一水平，已连续两年低于名义 GDP 增速。社会融资规模增速由 2016 年末的 12.8% 降至 2017 年末的 12.0%，2018 年末又降到 9.8%；2018 年全年社会融资规模增量 19.3 万亿元，按可比口径计算，比上年少 3.1 万亿元。今年经济下行压力加大，坚持稳健的货币政策基本取向不变，但要"松紧适度"。《报告》指出，广义货币 M_2

和社会融资规模增速要与国内生产总值名义增速相匹配，旨在保持广义货币 M_2 和社会融资规模增速合理增长，以更好满足经济运行保持在合理区间的需要。同时《报告》强调，在实际执行中，既要把好货币供给总闸门，不搞"大水漫灌"，又要灵活运用多种货币政策工具，疏通货币政策传导渠道，保持流动性合理充裕，深化利率市场化改革、降低实际利率水平，有效缓解实体经济特别是民营和小微企业融资难融资贵问题，防范化解金融风险。完善汇率形成机制，进一步完善以市场供求为基础、参考一篮子货币进行调节、有管理的浮动汇率制度，保持人民币汇率在合理均衡水平上的基本稳定。

《报告》指出，就业优先政策要全面发力。对我们这个有着近 14 亿人口的发展中大国来讲，就业是头等大事。今年首次将就业优先政策置于宏观政策层面，与财政、货币政策并列，旨在强化各方面更加重视就业、支持就业的导向。我国适龄劳动力数量虽然逐年减少，但未来十几年内仍将保持在 8 亿人以上的超大规模，每年需在城镇就业的新增劳动力将维持在 1500 万人左右。同时，随着我国经济结构加快转型升级，一些在传统产业就业的劳动力需要转岗，一般的体力型劳动力仍然过剩，而一些新兴产业劳动力供给不足，技能型特别是高技能人才严重短缺。如何提高劳动力供给的适应性、推动就业转型，是摆在我们面前的一个重大课题。基于此，《报告》强调，当前和今后一个时期，我国就业总量压力不减、结构性矛盾凸显，新的影响因素还在增加，必须把就业摆在更加突出位置。实施就业优先政策，不仅是为了强化已有就业促进政策，以应对当前国内外不确定因素和经济下行压力对就业的影响，而且着眼于经济社会发展全局，把扩大就业、促进就业转型的立足点更多放在加快提高人力资源素质，提高劳动者的知识、智力和技能水平上来，实现更高质量和更充分就业，推动经济高质量发展。今年城镇新增就业要在实现预期目标的基础上，力争达到近几年1300万人的实际规模，既保障城镇劳动力就业，也为农业富余劳动力转移就业留出空间。要促进就业容量大的服务业和部分劳动密集型产业发展，支持民营企业、中小微企业更好发挥就业主渠道作用，千方百计扩大就业岗位。就业是民生之本、财富之源、社会稳定之基。只要就业稳、收入增，就能推动内需扩大、实现经济稳定增长、保持社会和谐稳定，我们就更有底气。就业优先政策既是社会民生政策，也是经济发展政策，必须切实贯彻落实好。

我国经济运行主要矛盾仍然是供给侧结构性的，《报告》强调要继续坚持以供给侧结构性改革为主线，在"巩固、增强、提升、畅通"八个字上下功夫。更多采取改革的办法，更多运用市场化、法治化手段，巩固"三去一降一补"成果，增强微观主体活力，提升产业链水平，畅通国民经济循环，推动经济高质量发展。

去年三大攻坚战首战告捷，《报告》强调要继续打好三大攻坚战，精准发力、务求实效。打好防范化解重大风险攻坚战，要强化底线思维，坚持结构性去杠杆的基本思路、加强国有企业资产负债约束，防范金融市场异常波动和共振，稳妥处理地方政府债务风险，防控输入性风险。打好脱贫攻坚战，要坚持现行标准，聚焦深度贫困地区和特殊贫困群体，加大攻坚力度，提高脱贫质量。打好污染防治攻坚战，要坚守阵地、巩固成果，聚焦打赢蓝天保卫战等重点任务，统筹兼顾、标本兼治，使生态环境质量持续改善。

做好今年政府工作，《报告》强调要注重把握好以下关系。

一要统筹好国内与国际的关系，凝心聚力办好自己的事。经过 40 多年的改革开放，我国经济社会发展取得举世瞩目的伟大成就，在很多领域已达到世界先进水平。但我国仍处于并将长期处于社会主义初级阶段的基本国情没有变，我国是世界最大发展中国家的国际地位没有变。从总量看，我们很多方面确实在世界上名列前茅甚至居首位，比如我国是世界第二大经济体、第一制造大国、第一货物贸易大国等。但从人均看，我国在世界上的排名就不高了，不少处在中后位置。特别是我国发展不平衡不充分，在创新能力、产业层次、公共服务等方面与发达国家仍有相当大的差距。实现建成富强民主文明和谐美丽的社会主义现代化强国目标，还有很长的路要走。发展是解决我国一切问题的基础和关键，也是增强我国国际影响力的基本支撑。我们要牢牢扭住经济建设这个中心，毫不动摇坚持发展是硬道理、发展应该是科学发展和高质量发展的战略思想，不断解放和发展社会生产力。我国经济已深度融入世界经济，推动发展特别是高质量发展必须更好利用国际国内两个市场两种资源。在国际形势复杂多变的背景下，我们要保持战略定力，按确定的目标和部署推进工作，善于化外部挑战为机遇、变外部压力为动力，最大限度趋利避害。只要我国经济稳定发展，我们就能在国际竞争中掌握主动权、立于不败之地。

二要平衡好稳增长与防风险的关系，确保经济持续健康发展。经济增长与风险是相伴而生的，处理好二者关系是发展中的永恒主题。我国经济领域存在的诸多风险隐患特别是重大风险必须加以化解，否则积聚到一定程度就会爆发，危及经济发展和社会大局稳定。但化解风险隐患必须遵循规律，讲究战略战术和方式方法，按照坚定、可控、有序、适度要求，在发展中逐步化解，坚决避免发生系统性、区域性风险。实践证明，对风险隐患持视而不见、听之任之的消极态度是错误的，将会严重损害经济长期持续增长，而那种单兵突进式的化解方式也是不可取的，会引发更大的"处置风险的风险"。在当前经济下行压力加大情况下，首先要稳住增长，否则会导致各类风险"水落石出"、集中爆发。因此，出台政策和工作举措要有利于稳预期、稳增长、调结构，防控风险要把握好节奏和力度，防止紧缩效应叠加放大，决不能让经济运行滑出合理区间。同时，也不能只顾眼前，采取损害长期发展的短期强刺激政策，产生新的风险隐患。要立足当前、着眼长远，把握好稳增长与防风险的平衡点和结合点。

三要处理好政府与市场的关系，依靠改革开放激发市场主体活力。改革开放是推动发展的不竭动力和重要法宝。应对当前面临的困难和挑战，必须以更大力度推进改革开放，激发市场活力和社会创造力。《报告》通篇贯穿改革开放大逻辑，强调以市场化改革的思路和办法破解发展难题、结构性矛盾，直接提及改革的有109处、为历年之最，"市场化""市场主体"分别有10处，这些充分体现了党和政府坚定不移推进改革开放的坚定决心。我国有上亿市场主体，而且还在不断增加。只要市场主体有活力，就能增强内生发展动力、顶住经济下行压力。政府要加快转变职能，使市场在资源配置中起决定性作用，着力为市场主体打造便捷高效、公平竞争、稳定透明的营商环境。发展归根到底是为了人民，必须紧紧依靠人民。要坚持以人民为中心的发展思想，尽力而为、量力而行，着力保障基本民生，推动解决重点民生问题，持续增进民生福祉，促进社会公平正义。在发展基础上不断改善民生，也有利于释放内需潜力、促进经济持续增长，形成良性循环。

三、重点突出、举措有力的工作部署

今年政府工作任务重、挑战多、要求高，必须突出重点、把握关键，制定和实施更加有力的政策举措。《报告》提出了十个方面的重要任务和相应的政策举措。

（一）继续创新和完善宏观调控，确保经济运行在合理区间。面对经济下行压力和不稳定不确定因素增多的挑战，要在区间调控基础上，更加注重定向调控、相机调控，增强前瞻性、针对性和灵活性，及时有效解决突出矛盾和问题。要发挥好宏观政策逆周期调节作用，丰富和灵活运用财政、货币、就业政策工具，强化政策协调配合，为经济平稳运行创造条件。《报告》围绕落实好积极的财政政策、稳健的货币政策和就业优先政策，提出了强有力的举措。

一是实施更大规模的减税。企业对减税的呼声很高。在当前财政收入增长放缓情况下，如何做到既使企业税负明显减轻，又使财政能承受、可持续，确保重点和必需的支出，也就是说既有利于长远发展，眼前也能过得去，确实是一个难题。有关部门反复测算，提出了几百个方案。党中央、国务院经过深入研究，并征求了各省（区、市）意见，确定了可以说是积极稳妥的方案。今年出台的减税措施，坚持普惠性减税与结构性减税并举，聚焦制造业和小微企业。因为制造业是我国经济的骨干支撑，小微企业是容纳就业的主渠道。1月9日，国务院出台对小微企业普惠性减税措施，全年减负约2000亿元，《报告》强调要继续抓好这一政策的落实。《报告》提出了深化增值税改革方案，即将制造业等行业现行16%的税率降至13%，将交通运输业、建筑业等行业现行10%的税率降至9%，保持6%一档的税率不变，并明确继续向推进税率三档并两档、税制简化方向迈进。增值税是我国第一大税种，国内增值税占全国税收收入的比重接近40%，其中制造业贡献最大。2018年16%这一档税率对增值税的贡献约60%。这次把制造业等行业现行16%的税率降至13%，降幅近20%，减税规模约占整个增值税减税的85%。增值税是一个完整的抵扣链条，针对个别行业可能会因抵扣减少而税负略有增加的问题，《报告》提出了相应的配套措施，以确保所有行业税负只减不增。经过这次减税，我国企业的税负在国际上大体处在中等水平。当然，由于各个国家税制不同，有的是以直接税为主，有的是以间接税为主，有很多不可比因素。《报告》指出，这次减税不仅有利于减轻企业负担，也是完善税制、优化收入分配格局的重要改革，是宏观政策支持稳增长、保就业、调结构的重大抉择。

二是明显降低企业社保缴费负担。目前我国基本养老保险还没有实现全国统筹，省级统筹进展也不平衡，实现基金统收统支的省份只有三分之一左右。在全国 32 个省级基本养老保险单位（含新疆生产建设兵团）中，城镇职工基本养老保险单位缴费比例 20% 的有 7 个，19% 的有 21 个，18% 的有 2 个，13% 至 14% 的有 2 个。《报告》提出，下调城镇职工基本养老保险单位缴费比例，各地可降至 16%。这样绝大部分省份基本养老保险费率可降 3—4 个百分点。在普遍降低费率的同时，考虑到小微企业目前社保缴费的实际情况，《报告》强调稳定现行征缴方式，各地在征收体制改革过程中不得采取增加小微企业实际缴费负担的做法，不得自行对历史欠费进行集中清缴。近年来实施的阶段性降低失业和工伤保险费率政策，原定今年 4 月底到期。《报告》明确，继续执行阶段性降低失业和工伤保险费率政策，预计将为企业减负近1200亿元。考虑到目前企业社保缴费存在的诸多复杂情况，《报告》特别强调，今年务必使企业特别是小微企业社保缴费负担有实质性下降。针对企业社保缴费比例下调后社会上可能产生的疑虑，《报告》指出，我们既要减轻企业缴费负担，又要保障职工社保待遇不受影响、养老金合理增长并按时足额发放，使社保基金可持续、企业与职工同受益。为此，《报告》提出了加快推进养老保险省级统筹改革、继续提高企业职工基本养老保险基金中央调剂比例、划转部分国有资本充实社保基金等举措。目前我国基本养老保险基金总体上收大于支、略有结余，2018年底累计结余近5万亿元，全国社保基金还有2万多亿元的战略储备，具有较强的支付保障能力。

通过采取上述减税和降低社保缴费措施，全年减轻企业负担近2万亿元。这对企业特别是制造业企业和小微企业来说是一个强有力的支持，是既公平又有效率的政策，但会给各级财政带来很大压力。《报告》强调，为支持企业减负，各级政府要过紧日子，想方设法筹集资金，确保减税降费落实到位。《报告》要求中央财政开源节流，提出了增加特定国有金融机构和央企上缴利润、压减一般性支出和"三公"经费、一律收回长期沉淀资金等措施。同时《报告》强调，地方政府也要主动挖潜，大力优化支出结构，多渠道盘活各类资金和资产。针对近年来有些企业反映减税降费获得感不强等问题，《报告》特别指出，我们要切实让市场主体特别是小微企业有明显减税降费感受，坚决兑现对企业和社会的承诺，困难再多也一定要把这件大事办成办好。

三是着力缓解企业融资难融资贵问题。近年来，为改进企业特别是民营和小微企业金融服务，我们推出了普惠金融事业部、定向降准、贷款税收优惠等政策举措，取得一定成效，但企业融资难融资贵问题没有根本解决。《报告》有针对性地提出了力度更大、操作性更强的举措。改革完善货币信贷投放机制，适时运用存款准备金率、利率等数量和价格手段，引导金融机构扩大信贷投放、降低贷款成本，精准有效支持实体经济，不能让资金空转或脱实向虚。其中，存款准备金率是从源头提供流动性、降低融资成本的重要工具。过去我国金融机构存款准备金率偏高，这几年逐步下调，去年至今人民银行分五次降低存款准备金率一共3.5个百分点。目前我国大型银行存款准备金率为13.5%、中小银行为 11.5％，仍有一定下调空间。为引导中小银行扩大信贷投放，《报告》要求加大对中小银行定向降准力度，以提供低成本资金，但释放的资金必须全部用于民营和小微企业贷款。近年来资本不足对银行信贷投放能力形成较大制约，去年资管新规等多项监管政策出台以来，表外业务回表也在一定程度上加大了银行资本压力。为解决这一问题，《报告》指出，支持大型商业银行多渠道补充资本，增强信贷投放能力。主要支持措施包括：对商业银行，提高永续债发行审批效率，降低优先股、可转债等准入门槛，允许符合条件的银行同时发行多种资本补充工具；引入基金、年金等长期投资者参与银行增资扩股，支持商业银行理财子公司投资银行资本补充债券，鼓励外资金融机构参与债券市场交易。资本金得到补充的商业银行要加大对民营和小微企业贷款支持力度，真正起到补充银行资本的效果。《报告》提出明确要求，今年国有大型商业银行小微企业贷款要增长 30％ 以上。企业反映融资贵的一个重要原因是银行及中介服务收费高、收费乱,《报告》要求予以清理规范。完善金融机构内部考核机制，激励加强普惠金融服务，落实尽职免责条款，解决银行员工对民营和小微企业不敢贷、不愿贷、不能贷的问题。要综合施策，切实使中小微企业融资紧张状况有明显改善，综合融资成本必须有明显降低。

四是有效发挥地方政府债券作用。在当前地方财政财力比较紧张的情况下，为支持地方推进公益性项目、基础设施等重点项目建设，并为更好防范化解地方政府债务风险创造条件，《报告》提出了有关举措。今年拟安排地方政府专项债券 2.15 万亿元，比去年增加 8000 亿元，增长幅度近 60%，合理扩大专项债券使用范围。同时，安排地方政府一般债券 9300 亿元。继续发行一定数量的地方政府置换债券，减轻地方利息负担。鼓励金融机构与融资平台公司协商采取市场化方式，通过合适期限的金融工具妥善解决融资平台到期债务问题，以避免项目资金链断裂、形成"半拉子"工程，也降低金融系统呆坏账损失。为解决"上半年无债可用、下半年集中发债"问题，国务院在去年 11 月底就报请全国人大常委会审议授权，从今年起，提前下达部分新增地方政府债务限额，包括一般债务限额和专项债务限额。在开大前门的同时，必须坚决堵住后门、遏制隐性债务增量。完善专项债券管理方式，推进实行限额规模全额管理，有关政府性基金预算要首先用于到期专项债券还本付息，严格将专项债券与项目资产、收益相对应，依法落实偿债责任，确保专项债券不发生任何风险。

五是多管齐下稳定和扩大就业。今年就业压力加大。高校毕业生有 834 万人，再创历史新高。部分企业生产经营困难，下岗、转岗等人数也可能会有所增加。《报告》强调，要扎实做好高校毕业生、退役军人、农民工等重点群体就业工作，加强对城镇各类就业困难人员的就业帮扶。对招用农村贫困人口、城镇登记失业半年以上人员的各类企业，三年内给予定额税费减免。近年来，随着就业观念转变、"互联网 +"快速发展，灵活就业人员不断增加，电商、快递等新就业形态快速发展，在就业中发挥的作用越来越大。《报告》要求加强对灵活就业、新就业形态的支持，完善社保等相关扶持政策。长期以来，失业保险基金偏重于保障失业人员的基本生活，但领取的人数不多，收入远大于支出，现在全国失业保险基金结存已达 5700 多亿元。为提高失业保险基金使用绩效，更多用于提升劳动力就业创业能力，激发失业者再就业的积极性，《报告》提出，实施职业技能提升行动，从失业保险基金结余中拿出 1000 亿元，用于 1500 万人次以上的职工技能提升和转岗转业培训。健全技术工人职业发展机制和政策，以调动职工学技能、学知识的积极性。当前我国就业总量问题和结构性问题并存，特别是高技能人才供需缺口达 2000 万人，成为产业转型升级的重要制约因素。统筹考虑破解就业压力和高技能人才短缺难题，《报告》提出了加快发展现代职业教育的战略之策。2018 年全国高等职业（专科）院校招生 360 多万人，在校生 1130 多万人，招生和在校生分别占普通本专科的 46.6% 和 40.1%，毕业生就业情况较好。今年高职院校招生在去年基础上，再扩招 100 万人。为此，要改革完善高职院校考试招生办法，扩大高职院校奖助学金覆盖面、提高补助标准，加快学历证书和职业技能等级证书互通衔接，鼓励更多应届高中毕业生和退役军人、下岗职工、农民工等报考。改革高职院校办学体制，加强师资队伍建设，提高办学质量。引导一批普通本科高校转为应用型大学。中央财政大幅增加对高职院校的投入，地方财政也要加强支持。同时，鼓励中等职业学校发展，设立中等职业教育国家奖学金。支持企业和社会力量以多种形式参与或直接兴办职业教育，完善支持政策，推进产教融合、校企合作。我国现代职业教育的大改革大发展，必将培养更多各类技术技能人才，让更多青年凭借一技之长实现人生价值，也为推动高质量发展提供更加有力的人才支撑。

（二）激发市场主体活力，着力优化营商环境。市场主体有活力，经济发展有动力。当前稳增长的关键是把市场主体的活跃度保持住、提上去。这就要靠深化"放管服"等改革，打造良好的营商环境，降低企业制度性交易成本和生产要素成本，让企业轻装上阵。对此，《报告》进行了部署。

一要以简审批优服务便利投资兴业。国内外的实践表明，市场配置资源是最有效率的形式。近些年通过推进简政放权改革，市场准入不断放宽，审批许可事项大幅减少，但仍存在不少制约市场作用充分发挥、困扰企业和群众的问题。《报告》强调，政府要坚决把不该管的事项交给市场，最大限度减少对资源的直接配置。要进一步放宽市场准入，继续缩减市场准入负面清单，健全清单动态调整机制，不断完善清单信息公开机制，推动"非禁即入"普遍落实，让各类市场主体自由进入更多行业、领域、业务。目前审批和行政许可事项数量仍然偏多，中央层面设定的审批和行政许可事项有 1328 项，其中国务院部门实施的有 642 项、中央指定地方实施的有 686 项。对这些审批和行政许可事项要应减尽减，确需审批的要简化流程和环节，同时要加快清理各类变相审批和许可。经过近几年的商事制度改革，企业办理营业执照比较便利，但"办照容易办证难""准入不准营"问题凸显。根据上海等地的经验，解决这一问题的有效办法是实施"证照分离"改革，重点是"照后减证"，一方面要把属于信息采集、记载公示、管理备查类的各种证整合到营业执照上，另一方面要大幅减少领取营业执照后的各类许可证。今年，要对所有涉企经营许可事项实行"证照分离"改革，使企业更便捷拿到营业执照并尽快运营。在世界银行发布的营商环境报告中，2018 年我国"获得建筑许可"的便利度在 190 个经济体中排在第 121 位。为解决工程建设项目审批效率不高问题，去年在部分地区开展了工程建设项目审批制度改革试点，审批时间压缩至 120 个工作日以内。今年要在全国推开这项改革，大幅缩短全流程审批时间。继续压缩专利审查和商标注册时间。现在我国互联网、移动智能终端已经普及，要推行网上审批和服务，抓紧建成全国一体化在线政务服务平台，凡在网上能办的事要尽可能网上办理，加快实现一网通办、异地可办，使更多事项不见面办理，确需到现场办的要"一窗受理、限时办结""最多跑一次"。企业和群众对证明过多过滥反映强烈，要持续开展"减证便民"改革行动，各类证明能减尽减，办事确需查验的信息，尽可能由相关部门和单位通过联网核查等方式自行解决，不能动辄要求企业和群众提供。为推动政务服务质量和效率持续提升，借鉴网购等现代商业活动中消费者对商家服务的公开透明评价办法，《报告》提出建立政务服务"好差评"制度，服务绩效由企业和群众来评判。这是一项重大的制度创新，对于推动完善政府部门考核制度、调动工作人员积极性，对于推动转职能、转作风、提效能具有重要意义。

二要以公正监管促进公平竞争。公平竞争是市场经济的灵魂。只有公平竞争，才能使市场活而不乱，实现优胜劣汰，否则就会"劣币驱逐良币"。公平竞争有赖于政府的公正监管。《报告》要求改革完善公平竞争审查和公正监管制度，加快清理妨碍统一市场和公平竞争的各种规定和做法。加强公正监管，要明规矩于前，划出红线、底线，让市场主体知晓行为边界；寓严管于中，依法当好"裁判"，维护好市场竞争秩序；施重惩于后，对严重违法违规、影响恶劣的市场主体要坚决清除出市场，以儆效尤。不同层级政府职责不同，在市场监管方面要有明确分工。国家层面主要是制定统一的监管规则和标准，并加强对地方政府执法行为的监督。旨约而易操，事少而功多。监管规则和标准不能搞得太繁琐。实际上，规则越简约清晰，执行越有力有效。在大量减少审批和行政许可后，地方政府要把主要力量放在公正监管上，创新监管模式，强化监管手段，提升监管效能。针对目前存在的层层检查、多头检查和重复执法等问题，《报告》要求推进"双随机、一公开"跨部门联合监管，推行信用监管和"互联网＋监管"改革，深化综合行政执法改革，优化环保、消防、税务、市场监管等执法方式，清理规范行政处罚事项，完善失信联合惩戒机制，做到对违法者依法严惩、对守法者无事不扰。为解决选择性执法、任性执法、刁难企业和群众等突出问题，《报告》强调对监管者也要强监管、立规矩，严格约束其行为。要用公正监管，管出公平、管出效率、管出活力。

三要以改革推动降低涉企收费。企业反映负担重，一个重要原因是要素成本高、涉企收费多和收费乱。从国际比较看，目前我国居民和农业用电价格相对较低，但一般工商业特别是大工业用电价格偏高一些。《报告》提出，要深化电力市场化改革，清理电价附加收费，降低制造业用电成本，一般工商业平均电价再降低 10%。几年前我国物流总费用占国内生产总值的比例曾高达 20% 左右，经过努力，目前已降为 14% 左右，但与发达国家相比仍然明显偏高。《报告》提出了一系列推动继续降低物流成本的举措，包括深化收费公路制度改革、推动降低过路过桥费用，治理对客货运车辆不合理审批和乱收费、乱罚款，两年内基本取消全国高速公路省界收费站，取消或降低一批铁路、港口收费。中介服务收费问题较多，企业和群众意见很大。《报告》部署了专项治理中介服务收费。重点是治理中介服务乱收费，对与行政机关暗中挂钩、靠山吃山的"红顶中介"，要坚决斩断利益关联，破除服务垄断，严肃查处其中的腐败行为；对串通操纵服务价格甚至欺诈勒索的各类"灰中介""黑中介"，要依法整治和打击。加快收费清单"一张网"建设，切实做到"阳光收费"，同时要完善乱收费举报投诉查处机制，让收费公开透明，让乱收费无处藏身。需要指出的是，发展市场经济离不开专业、规范的中介服务，要支持守法诚信的中介服务机构发展，提供更多优质高效服务。

　　（三）坚持创新引领发展，培育壮大新动能。

创新是引领发展的第一动力，新动能是我国发展的希望所在。我国具有人力人才资源丰富、国内市场巨大等综合优势，从支撑和需求两个方面形成对科技研发和产业化应用的有力推动。《报告》要求充分发挥这些优势，加快创新型国家建设，不断增强经济创新力和竞争力，塑造更多依靠创新驱动、更多发挥先发优势的引领型发展，促进新旧动能接续转换。

推动传统产业改造提升。传统产业是国民经济的基础，也是新兴产业发展的基础。传统产业不是落后产业，更不是夕阳产业。只要运用新技术新业态新模式使之改造提升，推动生产、流通、消费模式深刻变革，就能焕发新的生机活力。我国是靠制造业起家的，也要靠强大的制造业支撑未来。我国虽为世界第一制造大国，但制造业大而不优、大而不强，总体仍处于全球产业链的中低端。当前我国制造业发展面临严峻挑战，外有发达国家再工业化和发展中国家工业化进程加快的双重挤压，内有生产成本上升、产业增速放缓、投资低迷等困难，必须加快转型升级，重塑竞争新优势。《报告》围绕推动制造业高质量发展、加快建设制造强国提出了一系列重要举措。要强化工业基础和技术创新能力，支持企业加快技术改造和设备更新，促进先进制造业和现代服务业融合发展。打造工业互联网平台，拓展"智能+"，为制造业转型升级赋能，推动制造业向数字化、网络化、智能化、绿色化转变。目前我国有220多种主要工业产品产量居世界首位，但产品质量总体水平不够高，有国际影响的品牌不多，难以满足消费者需求。《报告》提出，强化质量基础支撑，推动标准与国际先进水平对接，提升产品和服务品质，让更多国内外用户选择中国制造、中国服务。

促进新兴产业加快发展。近些年，我国新兴产业迅速成长，成为国民经济中最有活力、最具增长潜力的部分。面向国际竞争和未来发展，《报告》提出，要深化大数据、人工智能等研发应用，培育新一代信息技术、高端装备、生物医药、新能源汽车、新材料等新兴产业集群，壮大数字经济，打造更多有国际竞争力的"企业航母"。在基于互联网的新业态新模式发展方面，我国是走在世界前列的。这主要得益于政府的包容审慎监管。包容审慎既是科学的监管理念，也是行之有效的监管方式，今后要继续坚持和完善，为新业态新模式更好发展提供空间。近几年平台经济、共享经济蓬勃兴起，在推动增长、扩大就业、便利群众等方面发挥了重要作用，但在发展中也出现了这样或那样的问题，对此要正确看待、加强引导、逐步规范，促进其健康发展。出台监管措施要充分考虑新产业新业态的特点、量身定制监管模式，不能简单套用对传统产业的老办法、削足适履。最近几年，我们持续推动网络提速降费，有力促进了"互联网＋"在各行业各领域深入发展。按照《报告》部署，今年要开展城市千兆宽带入户示范，改造提升远程教育、远程医疗网络，推动移动网络扩容升级，让用户切实感受到网速更快更稳定。在近几年资费大幅度降低基础上，今年中小企业宽带平均资费再降低15%，移动网络流量平均资费再降低20%以上，规范套餐设置，使降费实实在在、消费者明明白白。在全国实行"携号转网"，让用户自由选择电信运营商，谁的资费更低、服务更优，用户就选择谁，这有利于促进公平竞争、推动电信业发展。《报告》提出的网络提速降费举措，不仅使群众普遍受惠、企业广泛受益，也将有力推动数字中国、网络强国建设。

提升科技支撑能力。创新的核心是科技创新。针对我国科技发展中的短板弱项，《报告》提出了一系列举措。要瞄准世界科技前沿、聚焦国家战略需求，加大基础研究和应用基础研究支持力度，强化原始创新，加强关键核心技术攻关。强化国家战略科技力量，抓紧布局国家实验室，重组国家重点实验室体系，完善重大科技项目组织管理。健全以企业为主体的产学研一体化创新机制，支持企业牵头实施重大科技项目，有的可由民营企业承担，形成多元化投入机制。加快建设科技创新资源开放共享平台，打通基础研究、技术发明与产业发展，打通创新链、产业链、资金链，强化对中小企业的技术创新服务，推动科技创新效率提高和创新成果加快转化应用。扩大国际创新合作，更加广泛汇聚和利用全球创新资源。全面加强知识产权保护，健全知识产权侵权惩罚性赔偿制度，促进发明创造和转化运用。《报告》指出，科技创新本质上是人的创造性活动。要充分尊重和信任科研人员，围绕调动科技人员积极性、创造性，以更大的决心和力度把科技体制改革引向深入，完善科研管理、科技成果评价奖励、科研人员激励等制度，健全以创新质量和贡献为导向的绩效评价体系，为科研主体简除烦苛、松绑放权。要赋予创新团队和领军人才更大的人财物支配权和技术路线决策权，进一步提高基础研究项目间接经费占比，开展项目经费使用"包干制"改革试点，由科研团队自主决定使用。加强科研伦理和学风建设，惩戒学术不端，力戒浮躁之风。我国有世界上最大规模的科技人才队伍，只要营造有国际竞争力的科研生态，就一定能创造更多世界领先的科技成果，把我国创新发展水平提升到一个新高度。

进一步把大众创业万众创新引向深入。人是生产力中最活跃的因素，是创新最重要的资源。实践证明，双创是以创新创业带动就业的有效方式，是推动新旧动能转换和经济结构升级的重要力量，是促进机会公平和社会纵向流动的现实渠道。《报告》指出，要鼓励更多社会主体创新创业，拓展经济社会发展空间，加强全方位服务，发挥双创示范基地带动作用，营造更好环境，打造更大平台，努力让人人有创新创业机会，处处是创新创业沃土，小企业铺天盖地、大企业顶天立地。强化普惠性支持，改革完善金融支持机制，设立科创板并试点注册制，支持发展创业投资。改革完善人才培养、使用、评价机制，推动人力资源自由有序流动，优化归国留学人员和外籍人才服务，使各类人才各展其长。只要集众智汇众力，提高社会整体创新效率，就一定能跑出中国创新"加速度"。

（四）促进形成强大国内市场，持续释放内需潜力。我国有近14亿人口，中等收入群体超过4亿，市场规模位居世界前列，具有巨大的内需潜力。在外部形势多变的背景下，要更加重视稳定国内有效需求，充分发挥消费的基础作用、投资的关键作用，为经济平稳运行提供有力支撑。

推动消费稳定增长。《报告》从促进城乡居民增收、提高消费能力和增加消费供给、优化消费环境等方面，提出了保持消费稳定增长的举措。要落实好新修订的个人所得税法，使符合减税政策的纳税人应享尽享。通过实施提高个人所得税起征点政策，将使8000万纳税人无需再缴个人所得税；实施六项专项附加扣除政策，覆盖教育、养老等民生支出，将惠及7000多万户家庭，当然二者之间是有所交叉的。要顺应消费需求的新变化，多渠道增加优质产品和服务供给，加快破除民间资本进入的堵点，促进家政服务业提质扩容。《报告》重点讲了解决好"一老一小"的服务消费供给问题。我国目前60岁以上人口已达2.5亿、占比达到17.8%，是世界上人口老龄化程度比较高的国家之一，而且老龄化仍在以较快速度发展。应对人口老龄化是当前和今后一个时期关系全局的重大战略任务。要大力发展养老特别是社区养老服务业，对在社区提供日间照料、康复护理、助餐助行等服务的机构给予税费减免、资金支持、水电气热价格优惠等扶持，新建居住区应配套建设社区养老服务设施，加强农村养老服务设施建设，改革完善医养结合政策，扩大长期护理保险制度试点。让老年人拥有幸福的晚年，后来人就有可期的未来。实施全面两孩政策后，托幼服务需求猛增，而供给严重不足。《报告》要求加快发展多种形式的婴幼儿照护服务，支持社会力量兴办托育服务机构。积极支持多渠道投入学前教育，无论是公办还是民办幼儿园，只要符合安全标准、收费合理、家长放心，政府都支持。"世界那么大，我想去看看"，现在越来越多的群众加入旅游行列。要发展全域旅游，壮大旅游产业。汽车消费对消费增长影响较大，去年消费增速放缓的一个重要原因是汽车销售下降。目前我国每千人汽车保有量为170辆左右，不仅低于主要发达国家，也低于一些新兴市场国家，仍有提升空间。在我国汽车消费中，新能源汽车消费增长速度快。去年新能源乘用车销量达到125.6万辆，比上年增长超过60%，占全球新能源汽车市场份额超过50%，已经成为世界最大的新能源汽车生产和销售市场。要稳定汽车消费，继续执行新能源汽车购置优惠政策，推动充电、加氢等设施建设。发展消费新业态新模式，促进线上线下消费融合发展，大力发展新零售，培育消费新增长点。健全农村流通网络，支持电商和快递发展。加强消费市场监管，严肃查处假冒伪劣、虚假广告、价格欺诈等行为，着力净化消费环境，切实保护消费者权益，让群众放心消费、便利消费。

合理扩大有效投资。我国基础设施和民生领域还有许多薄弱环节，人均公共产品拥有水平、基础设施资本存量以及物质技术装备，与发达国家相比都还有很大差距，有效投资有很大潜力，特别是在中西部地区。增加有效投资，既能提高公共产品、公共服务供给能力，又可带动就业、增加收入、扩大消费，拉动当前增长，促进可持续发展。我国总储蓄率高，社会资金充裕，扩大有效投资也有条件。近年我国全社会固定资产投资增速持续放缓。今年应对经济下行压力，必须采取有效措施，使有效投资回升到合理增长水平。《报告》提出，紧扣国家发展战略，加快实施一批重点项目。完成铁路投资8000亿元、公路水运投资1.8万亿元，再开工一批重大水利工程，加快川藏铁路规划建设，加大城际交通、物流、市政、灾害防治、民用和通用航空等基础设施投资力度，加强新一代信息基础设施建设。目前政府投资在全社会投资中占6%左右，比重不算很高，但发挥着"四两拨千斤"的作用，有利于引导和带动民间投资。今年中央预算内投资安排5776亿元，比去年增加400亿元。创新项目融资方式，适当降低基础设施等项目资本金比例，用好开发性金融工具，吸引更多民间资本参与重点领域项目建设。民间投资占投资的大头，扩大有效投资，关键在调动民间投资积极性。要落实鼓励民间投资政策措施，坚持国企民企一视同仁，营造稳定、透明、公平投资环境。在国家重点建设领域，只要民间资本愿意干的，都要放手让他们干；对民间资本想干而有困难的，政府要采取支持措施；对民间资本难以单独干的，要创新方式一起干。要有序推进政府和社会资本合作，完善相关价格、税费等优惠政策。政府要带头讲诚信守契约，决不能"新官不理旧账"，对拖欠企业的款项年底前要清偿一半以上，决不允许增加新的拖欠，解决民间投资的后顾之忧。

（五）对标全面建成小康社会任务，扎实推进脱贫攻坚和乡村振兴。确保到2020年实现脱贫攻坚目标和农民生活达到全面小康水平，今年是关键一年。要按照党中央、国务院的相关决策部署，扎实向前推进。《报告》对此提出了具体要求。

打好精准脱贫攻坚战。坚持"两不愁三保障"标准，着力解决面临的突出问题，确保贫困人口不愁吃、不愁穿；保障贫困家庭孩子接受九年义务教育，确保有学上、上得起学；保障贫困人口基本医疗需求，确保大病和慢性病得到有效救治；保障贫困人口基本居住条件，确保住上安全住房。经过近几年的不懈努力，全国面上的脱贫已取得重大决定性成就，但"三区三州"（指西藏、四省藏区、南疆四地州和四川凉山州、云南怒江州、甘肃临夏州）等深度贫困地区自然条件差、经济基础弱、贫困程度深，是脱贫的难中之难。《报告》强调加大深度贫困地区脱贫攻坚力度，把扶贫工作重心、政策支持重心、社会帮扶重心进一步向深度贫困地区聚焦，把脱贫攻坚资金、重大工程项目、扶贫政策举措进一步向深度贫困地区倾斜，加强基础设施建设，落实对特殊贫困人口的保障措施。脱贫致富离不开产业支撑，要大力扶持贫困地区发展特色优势产业，完善利益联结机制，让贫困地区群众持续受益。教育是阻断贫困代际传递的治本之策。要开展贫困地区控辍保学专项行动、明显降低辍学率，继续增加重点高校专项招收农村和贫困地区学生人数。基本完成"十三五"易地扶贫搬迁规划建设任务，加强后续扶持。为巩固脱贫成果、防止返贫，《报告》明确对摘帽县和脱贫人口的扶持政策要保持一段时间。越是到脱贫攻坚的关键阶段，越要抓实抓细各项工作。完善考核监督机制，既要确保进度，更要确保质量，严肃查处假脱贫、"被脱贫"、数字脱贫，确保真扶贫、扶真贫、真脱贫，确保脱贫有实效、可持续、经得起历史检验。

抓好农业特别是粮食生产。近 14 亿中国人的饭碗，必须牢牢端在自己手上。这几年，粮食等主要农产品持续丰收，为稳定物价、改善民生提供了有力保障。今年经济发展困难挑战增多，抓好农业和粮食生产，保障粮食和重要农产品有效供给，具有特殊重要的意义。目前我国粮食供给是充裕的，但粮食生产能力基础尚不稳固，粮食产量年度间也有波动。《报告》明确提出，要稳定粮食产量，优化品种结构，增加紧缺和优质绿色农产品供给。加强农田水利建设，新增高标准农田 8000 万亩以上，强化支撑能力。非洲猪瘟等疫病对养殖业影响大，要有力有效加强防控，稳定生猪等畜禽生产。加快农业科技改革创新，大力发展现代种业，加强先进实用技术推广，实施地理标志农产品保护工程，推进农业全程机械化。培育家庭农场、农民合作社等新型经营主体，加强面向小农户的社会化服务，发展多种形式规模经营。落实和完善农产品加工支持政策，扶持主产区发展农产品精深加工，延伸农业产业链、打造供应链、提高附加值，打造一批产加销一体的现代农业企业集群。支持返乡入乡创业创新，推动一二三产业融合发展，壮大县域经济。务工收入是农民增收的大头。近些年拖欠农民工工资问题不断发生，社会反映强烈，《报告》提出了根治这一问题的举措，要求抓紧制定专门行政法规，确保农民工按时拿到应有的报酬，不能让农民工流汗又流泪。

扎实推进乡村建设。我国城乡发展差距，主要体现在农村基础设施和公共服务建设滞后。促进乡村全面振兴，必须着力补齐这块突出短板。要继续坚持把国家基础设施建设和社会事业发展的重点放到农村，健全多元投入机制，推动城市公共服务向农村延伸、社会事业向农村覆盖。要科学编制和实施建设规划，大力改善生产生活条件。加快实施农村饮水安全巩固提升工程，完成新一轮农村电网升级改造，新建改建农村公路20万公里，继续推进农村危房改造。改善农村人居环境是现阶段乡村建设的重要抓手，是实施乡村振兴战略到 2020 年全面建成小康社会时必须取得阶段性成效的硬任务之一。《报告》要求因地制宜开展农村人居环境整治，推进"厕所革命"、垃圾污水治理，建设美丽乡村。

全面深化农村改革。我国改革是率先从农村取得突破的。农村改革极大地调动了农民生产积极性，深刻地改变了农业农村农民的面貌。推进乡村振兴，必须依靠深化农村改革，完善体制、创新机制，全面激活市场、激活要素、激活主体。土地问题是关系战略全局的根本性问题之一，土地制度是国家的基础性制度之一。要巩固和完善农村基本经营制度，推广农村土地征收、集体经营性建设用地入市、宅基地制度改革试点成果，拓展增加农民财产性收入来源。深化集体产权、集体林权等改革，推动农村资源变资产、资金变股金、农民变股东。改革完善农业支持保护体系，健全粮食价格市场化形成机制，扩大政策性农业保险改革试点，创新和加强农村金融服务。《报告》指出，持续深化农村改革，广袤乡村必将焕发新的生机活力。

（六）促进区域协调发展，提高新型城镇化质量。针对区域发展出现的新情况新变化，要创新实施区域发展战略，建立区域协调发展新机制，发挥城镇化牵引带动作用，促进基本公共服务均等化，推动区域优势互补、城乡融合发展。

优化区域发展格局。统筹推进西部大开发、东北全面振兴、中部地区崛起、东部率先发展，完善改革创新举措。制定西部开发开放新的政策措施，西部地区企业所得税优惠等政策到期后继续执行。京津冀协同发展重在疏解北京非首都功能，高标准建设雄安新区。落实粤港澳大湾区发展规划纲要、出台基础设施和生态环境等专项规划。编制实施长三角一体化发展规划纲要，支持其他具备条件的区域推进一体化发展。长江经济带发展要坚持上中下游协同，加强生态保护修复和综合交通运输体系建设，打造高质量发展经济带。继续采取特殊政策支持革命老区、民族地区、边疆地区、贫困地区加快发展，支持资源型地区经济转型。大力发展蓝色经济，保护海洋环境，建设海洋强国。推动区域协调发展，必须健全全国统一市场，加强基础设施互联互通和公共服务共建共享，促进资源要素自由流动和高效配置。

深入推进新型城镇化。新型城镇化既可带动居民增加消费，又可扩大有效投资，是扩大内需的综合大平台和最大潜力所在。要优化城镇化布局形态，坚持以中心城市引领城市群发展，以城市群带动区域发展。我国城镇化率低于发达国家，特别是户籍人口城镇化率比常住人口城镇化率低16个百分点，一些常住人口尚未完全享受城镇基本公共服务，新型城镇化有很大的发展空间。要抓好农业转移人口落户，推动城镇基本公共服务覆盖常住人口。住房是民生基本需求。《报告》要求更好解决群众住房问题，落实城市主体责任，改革完善住房市场体系和保障体系，促进房地产市场平稳健康发展。推进棚户区改造、改善中低收入和困难群众的居住条件，是这些年来我们一直在抓的一件大事。过去10年累计改造棚户区住房4400多万套，上亿居民"出棚进楼"、圆了安居梦。这是中国新型城镇化发展的一大亮点，也被联合国人居署称为"世界奇迹"。但要看到，现在城镇还有不少棚户区需要改造，《报告》要求继续推进保障性住房建设和城镇棚户区改造，保障困难群体基本居住需求，到2020年要基本完成城镇棚户区改造任务。城镇老旧小区量大面广，据估算全国老旧小区（2000年前建成尚未改造的小区）有16万多个，建筑面积约40亿平方米，占已建成住房面积的八分之一左右，公共服务设施不健全、不完善，居民生活有诸多不便。《报告》提出，要大力改造提升城镇老旧小区，更新水电路气等配套设施，支持加装电梯和无障碍环境建设，健全便民市场、便利店、步行街、停车场等生活服务设施。改造提升城镇老旧小区是一个战略举措，既有利于扩大有效投资、促进消费增长，也直接惠及民生，要坚持科学规划、分期推进，创新机制、完善政策、多渠道筹集资金。城市的繁荣发展离不开大量的外来人才，城市建设的一砖一瓦都凝聚着农民工的汗水，城市治理的要义在于多元包容、充满人文精神。《报告》强调，新型城镇化要处处体现以人为核心，提高柔性化治理、精细化服务水平，使人人都有公平发展机会，让城市更加宜居，更具包容和人文关怀。

（七）加强污染防治和生态建设，大力推动绿色发展。绿色发展是构建现代化经济体系的必然要求，是解决污染问题的根本之策。经过不懈努力，我们已经初步走出了一条经济发展与生态环境保护双赢的路子。要认真总结经验，改革完善相关制度，在强化污染防治的同时，大力发展环保产业，加快形成绿色发展方式，协同推动高质量发展与生态环境保护。

持续推进污染防治。《报告》要求，巩固扩大蓝天保卫战成果，并提出了具体指标和相关措施。今年二氧化硫、氮氧化物排放量要下降3%，重点地区细颗粒物（PM2.5）浓度继续下降。着力做好京津冀及周边、长三角、汾渭平原大气污染治理攻坚，加强工业、燃煤、机动车三大污染源治理，做好北方地区清洁取暖工作。强化水、土壤污染防治，今年化学需氧量、氨氮排放量要下降2%。加快治理黑臭水体，防治农业面源污染，推进重点流域和近岸海域综合整治。加强固体废弃物和城市垃圾分类处置，促进减量化、资源化、无害化。《报告》强调，企业作为污染防治主体，必须依法履行环保责任。同时，要改革创新环境治理方式，对企业既依法依规监管，又重视合理诉求、加强帮扶指导，对需要达标整改的给予合理过渡期，避免处置措施简单粗暴、一关了之。企业有内在动力和外部压力，污染防治成效才会更好更可持续。

壮大绿色环保产业。加强生态环境保护，不能简单做减法，更要做加法，这就是发展节能环保产业，培育新的经济增长点。这是实现污染治理和经济发展双赢之策。坚持源头治理，加快火电、钢铁行业超低排放改造，实施重污染行业达标排放改造。调整优化能源结构。我国能源禀赋的特点是煤多、油少、气缺，目前煤在能源消费中的比重仍接近 60%，今后煤的消费占比会逐步下降，但以煤为主的能源结构短期内不可能根本改变。近些年我国石油、天然气对外依存度持续攀升，目前已分别达到 70%、45% 左右，为世界第一大石油、天然气进口国，再继续大幅提高对外依存度的制约因素很多，而且安全风险隐患很大。满足日益增长的能源需求和减少污染排放，必须从加强煤炭清洁高效利用上想办法、找出路。这方面空间广阔，我们也有比较成熟的技术，要坚持不懈做下去。《报告》要求推进煤炭清洁化利用，同时强调健全天然气产供储销体系，大力发展可再生能源，加快解决风、光、水电消纳问题。我国城镇污水管网十分薄弱，污水集中收集率低。要加大投入力度，启动城镇污水处理提质增效三年行动，尽快还上欠账、补齐短板。促进资源节约集约和循环利用，推广绿色建筑、绿色快递包装。改革完善环境经济政策，健全排污权交易制度，加快发展绿色金融，培育一批专业化环保骨干企业，提升绿色发展能力。

加强生态系统保护修复。《报告》要求推进山水林田湖草生态保护修复工程试点，持续抓好国土绿化，加强荒漠化、石漠化、水土流失治理。加大生物多样性保护力度，继续开展退耕还林还草还湿。深化国家公园体制改革。要创新生态保护制度，开展全民绿色行动，倡导简约适度、绿色低碳的生活方式，健全生态补偿机制，调动各方面参与生态建设积极性。需要指出的是，我国生态恶化、环境污染非一日之寒，实现根本好转也非一日之功。治理生态环境必须有紧迫感、责任感，坚决打好攻坚战，决不能犹豫不决、畏葸不前，但也要有历史耐心，尊重客观规律，做好打持久战的充分准备，不能试图毕其功于一役、搞运动式治理。我国作为仍处在工业化进程中的发展中国家，要坚持在发展中保护治理、在保护治理中发展，找到平衡点、结合点。绿色发展贵在行动、成在坚持。只要全社会持续努力，就一定能早日建成天蓝地绿水清的美丽中国。

（八）深化重点领域改革，加快完善市场机制。着眼激发市场主体活力和社会创造力，《报告》要求聚焦突出矛盾和关键环节，推动相关改革深化，健全与高质量发展相适应的体制机制。

加快国资国企改革。坚持政企分开、政资分开和公平竞争原则，加强和完善国有资产监管，推进国有资本投资、运营公司改革试点，推动国有经济战略性重组和布局优化，促进国有资产保值增值。积极稳妥推进混合所有制改革。国有企业公司制改制虽已基本完成，但法人治理结构、经营机制等还不完善。要加快健全现代企业制度，完善公司治理结构，健全市场化经营机制，建立职业经理人、中长期激励等制度。依法处置"僵尸企业"。深化电力、油气、铁路等领域改革，自然垄断行业要根据不同行业特点实行网运分开，将竞争性业务全面推向市场。国有企业要通过改革创新、强身健体，不断增强发展活力和核心竞争力，加快培育具有全球竞争力的世界一流企业。

下大气力优化民营经济发展环境。民营经济在稳定增长、促进创新、增加就业、改善民生等方面发挥着不可替代的作用。近年来，党中央、国务院出台了支持民营经济发展的一系列政策措施，但有些没有得到很好落实。《报告》要求，坚持"两个毫不动摇"，按照竞争中性原则，在要素获取、准入许可、经营运行、政府采购和招投标等方面，对各类所有制企业平等对待，鼓励、支持、引导非公有制经济发展。当前一些干部在与企业家特别是民营企业家打交道方面思想顾虑较多，或"敬而远之"，或脸好看、事难办，或从过去的"勾肩搭背"变成

"背对背"。针对这些问题，《报告》强调构建亲清新型政商关系，健全政企沟通机制，激发企业家精神，促进民营经济发展升级。各级干部要积极主动为企业服务，"亲"在行动上、"清"在骨子里，廓清边界、干净办事。保护产权就是保护劳动、保护发明创造、保护和发展生产力。针对产权保护中存在的一些问题和企业家担心，《报告》强调保护产权必须坚定不移，对侵权行为要依法惩处，对错案冤案要有错必纠。要努力打造良好营商环境，让企业家安心搞经营、放心办企业。

深化财税金融体制改革。财税改革要按照有利于激发微观主体活力、调动地方积极性的思路，加大预算公开改革力度，全面实施预算绩效管理，深化中央与地方财政事权和支出责任划分改革，推进中央与地方收入划分改革，完善转移支付制度，健全地方税体系，稳步推进房地产税立法。规范地方政府举债融资机制，落实好地方政府隐性债务问责办法，坚决遏制增量，稳妥处置存量。以服务实体经济为导向，改革优化金融体系结构，发展民营银行和社区银行，推进农村信用社改革，引导中小金融机构回归本源、服务当地。坚持市场化、法治化方向，改革完善资本市场基础制度，深化新三板和创业板改革，提高上市公司质量，引导中长期资金入市，促进多层次资本市场健康稳定发展，提高直接融资特别是股权融资比重。增强保险业风险保障功能。加强国有企业资产负债约束，稳定居民杠杆率。加强金融风险监测预警和化解处置。我国财政金融体系总体稳健，商业银行的资本充足率、拨备覆盖率、存款准备金率都高于国际标准，可运用的政策工具多，我们有能力守住不发生系统性风险的底线。

（九）推动全方位对外开放，培育国际经济合作和竞争新优势。面对错综复杂的国际形势，要进一步拓展开放领域、优化开放布局，继续推动商品和要素流动型开放，更加注重规则等制度型开放，以高水平开放带动改革全面深化和经济高质量发展。

促进外贸稳中提质。今年国际贸易增速趋缓，保护主义呈加剧态势，我国外贸发展面临着严峻的国际环境。要落实和完善进出口政策，保持外贸基本稳定，促进优进优出。推动出口市场多元化，引导企业继续深耕细作传统市场，拓展一批重点市场，开拓"一带一路"沿线等新兴市场。扩大出口信用保险覆盖面，加强各类贸易融资支持。改革完善跨境电商等新业态扶持政策。推动服务贸易创新发展，引导加工贸易转型升级、向中西部转移，发挥好综合保税区作用。优化进口结构，积极扩大进口。办好第二届中国国际进口博览会。这样做，有利于促进产业升级、推动高质量发展，有利于促进贸易平衡发展、营造良好外部环境，也为消费者提供更多选择、促进消费增长。据世界银行发布的报告，2018年我国跨境贸易便利度排名从第97位上升到第65位。要深入推动通关环节清收费、优流程、提时效，降低进出口合规成本，加快提升贸易便利化水平。

加大吸引外资力度。利用外资是我们的长期方针，对促进经济持续健康发展具有重要意义。当前全球跨国直接投资低迷，各国引资竞争加剧，我们要采取有力举措，优化外商投资环境，促进外商投资稳定增长、提升质量。进一步放宽市场准入，缩减外资准入负面清单，扩大农业、采矿业、制造业、金融业开放，加快电信、教育、医疗、文化等领域开放，完善债券市场开放政策，允许更多领域实行外资独资经营。加快与国际通行经贸规则对接，提高政策透明度和执行一致性，营造内外资企业一视同仁、公平竞争的公正市场环境。加强外商合法权益保护。赋予自贸试验区更大改革创新自主权，增设上海自贸试验区新片区，推进海南自贸试验区建设、探索建设中国特色自由贸易港。支持国家级经开区、高新区、新区开展自贸试验区相关改革试点，增强辐射带动作用，打造改革开放新高地。《报告》强调，中国投资环境一定会越来越好，各国企业在华发展机遇一定会越来越多。

推动共建"一带一路"。坚持共商共建共享，遵循市场原则和国际通行规则，完善政策、整合资源，发挥企业主体作用，以基础设施等重大项目建设和产能合作为重点，解决好金融支撑、投资环境、风险管控、安全保障等关键问题，确保更多成果落地。办好第二届"一带一路"国际合作高峰论坛。创新对外投资方式，优化对外投资结构，拓展第三方市场合作，提升风险防范能力，推动对外投资合作健康有序发展。

促进贸易和投资自由化便利化。经济全球化符合世界各国的根本利益，是不可逆转的历史潮流。以世贸组织为核心的多边贸易体制，是当今国际经贸秩序的基石，其权威和效力应得到尊重和维护。《报告》强调，中国坚定维护经济全球化和自由贸易，积极参与世贸组织改革。加快构建高标准自贸区网络，推进区域全面经济伙伴关系协定、中日韩自贸区、中欧投资协定谈判，继续推动中美经贸磋商。在国际经贸往来中，出现分歧甚至摩擦是难以避免的，也是正常的，关键是如何看待和解决。《报告》指出，中国秉持互利合作、共赢发展，一贯主张通过平等协商解决贸易争端，对作出的承诺认真履行，对自身合法权益坚决维护。

（十）加快发展社会事业，更好保障和改善民生。增进民生福祉是发展的根本目的，也是推动发展的强劲动力。《报告》指出，今年财政收支平衡压力加大，但基本民生投入确保只增不减。支持社会力量增加非基本公共服务供给，满足群众多层次、多样化需求。

发展更加公平更有质量的教育。这事关国家发展、民族振兴和社会进步，也是人民群众的期盼。针对义务教育发展不均衡问题，《报告》要求推进城乡义务教育一体化发展，加快改善乡村学校办学条件，加强乡村教师队伍建设，抓紧解决城镇学校"大班额"问题，保障进城务工人员随迁子女教育，发展"互联网＋教育"，促进优质资源共享。推进高中阶段教育普及，办好民族教育、特殊教育、继续教育，依法支持民办教育发展。以经济社会发展需要为导向，优化高等教育结构，推进一流大学和一流学科建设，支持中西部建设有特色、高水平大学。今年财力紧张，但国家财政性教育经费占国内生产总值比例继续保持在 4% 以上，中央财政教育支出安排超过 1 万亿元，这是很不容易的。《报告》强调要切实把宝贵的资金用好，努力办好人民满意的教育，托起明天的希望。

保障基本医疗卫生服务。全面建立全国统一的城乡居民基本医保和大病保险制度，重点在完善机制、提高保障水平方面下功夫。今年城乡居民基本医保人均财政补助标准增加 30 元，一半用于大病保险。降低并统一大病保险起付线，报销比例由 50% 提高到 60%，进一步减轻大病患者、困难群众医疗负担。加强重大疾病防治。目前我国癌症患者人数以千万计，2017 年新发癌症病例约 380 万，死亡约 229 万，发病率及死亡率呈逐年上升趋势，已成为城市死因的第一位、农村死因的第二位。《报告》提出，要实施癌症防治行动，推进预防筛查、早诊早治和科研攻关，着力缓解民生的痛点。随着人口老龄化的加快和疾病谱的变化，我国慢性病的发病率不断增高，目前居民患有高血压的人数约 2.7 亿，糖尿病患者有 9700 万。《报告》要求，做好常见慢性病防治，把高血压、糖尿病等门诊用药纳入医保报销。加快儿童药物研发。加强罕见病用药保障。深化医保支付方式改革，优化医保支出结构。抓紧落实和完善跨省异地就医直接结算政策，尽快使异地就医患者在所有定点医院能持卡看病、即时结算，切实便利流动人口和随迁老人。完善药品集中采购和使用机制。深化公立医院综合改革。促进社会办医。发展"互联网＋医疗健康"，加快建立远程医疗服务体系，加强基层医疗卫生机构能力建设和医护人员培养，提升分级诊疗和家庭医生签约服务质量。坚持预防为主，加强健康教育和健康管理，将新增基本公共卫生服务财政补助经费全部用于村和社区，让基层群众受益。抓好传染病、地方病、青少年近视防治。《报告》还对完善生育配套政策、加强妇幼保健服务、支持中医药事业传承创新发展、保障药品疫苗安全等作出了部署。

完善社会保障制度和政策。社会保障是民生安全网、社会稳定器。党的十九大报告指出，要按照兜底线、织密网、建机制的要求，全面建成覆盖全民、城乡统筹、权责清晰、保障适度、可持续的多层次社会保障体系。《报告》明确要求，推进多层次养老保障体系建设。继续提高退休人员基本养老金。完善退役士兵基本养老、基本医疗保险接续政策。适当提高城乡低保、专项救助等标准，加强困境儿童保障。加大城镇困难职工脱困力度。提升残疾预防和康复服务水平。我们要尽力为群众救急解困、雪中送炭，基本民生的底线要坚决兜牢。

《报告》还对丰富人民群众精神文化生活、加强和创新社会治理等作出了部署。

新的形势和任务，对政府工作提出了新的更高要求。《报告》强调，各级政府要树牢"四个意识"，坚定"四个自信"，坚决做到"两个维护"，自觉在思想上政治上行动上同以习近平同志为核心的党中央保持高度一致，落实全面从严治党要求，勇于自我革命，深入推进简政放权，加快转职能、提效能，增强政府公信力和执行力，更好满足人民对美好生活的新期待。《报告》要求，坚持依法全面履职，深入推进党风廉政建设，切实强化责任担当。《报告》指出，中国改革发展的巨大成就，是广大干部群众筚路蓝缕、千辛万苦干出来的。实现"两个一百年"奋斗目标，成就中国人民的幸福与追求，还得长期不懈地干。广大干部要树立强烈的事业心和进取心，事不避难、义不逃责，埋头苦干、结合实际创造性地干，努力干出无愧于人民的新业绩，干出中国发展的新辉煌。

《报告》还对做好民族宗教侨务工作、国防和军队建设、港澳和对台工作、外交工作等作了阐述。

奋斗创造历史，实干成就未来。我们坚信，在以习近平同志为核心的党中央坚强领导下，在习近平新时代中国特色社会主义思想科学指导下，全国人民同心协力、开拓进取，一定能圆满完成今年经济社会发展主要目标任务，书写决胜全面建成小康社会、夺取新时代中国特色社会主义伟大胜利的新篇章。